Werner Schmid

Pauline Marie Jaricot

Gründerin der Päpstlichen Missionswerke
und des Lebendigen Rosenkranzes

Edition Missio

Be+Be-Verlag: Heiligenkreuz 2023
ISBN 978-3-903602-77-9

Textüberarbeitung und Lektorat: Dr. Gabriela Wozniak
Buchgestaltung und Layout: Petra Kuchenbecker, komma2.de

Bildquellen: Fritz Stark, Simon Kupferschmied, Peter Goda, Jutta Becker, Missio, picturedesk.com, wikipedia; Verwendete Literatur: Julia Maurin, Das Leben, Wirken und Leiden von Pauline-Maria Jaricot, dt. Ausgabe von J. Bechtold, Trier 1898; Pauline Jaricot, L'amour infini dans la divine Eucharistie, 1822; Lettres de Pauline-Marie Jaricot à la Mère Saint-Laurent, Paris 2007; Pauline Jaricot, Histoire de ma vie, Paris 2009; Pauline Jaricot, Écrits de Jeunesse, Lethielleux, 2010; Catherine Masson, Pauline Jaricot (1799–1862), Die Biographie der Mutter der Weltmission, Heiligenkreuz 2022.

EDITION MISSIO

Be+Be

Direkter Vertrieb:
Be+Be-Verlag Heiligenkreuz
A-2532 Heiligenkreuz im Wienerwald
Tel. +43 2258 8703 400
www.klosterladen-heiligenkreuz.at
E-Mail: bestellung@klosterladen-heiligenkreuz.at

Pauline Marie Jaricot

Gründerin der Päpstlichen Missionswerke und des Lebendigen Rosenkranzes

Werner Schmid

Edition Missio

Be+Be

Inhalt

„Ich bin geschaffen, um zu lieben und zu handeln. Mein Kloster ist die Welt.“

Pauline Marie Jaricot

Ein Wort zuvor ...

Als „Unternehmerin Gottes“ könnte man sie bezeichnen und als „Genie des Laienapostolates“, diese Frau voller Ideen und Pläne, wenn es darum ging, den Glauben zu verbreiten und der Kirche bei ihrem missionarischen Auftrag auf jedwede Art und Weise zu helfen.

Pauline Marie Jaricot war die Tochter eines wohlhabenden Seidenhändlers in Lyon. Nach einem Bekehrungserlebnis begann sie 1816 ihr Vermögen an Arbeiter, Kranke, Notleidende und für religiöse Zwecke zu verschenken. Zur Unterstützung der Mission warb sie ab 1819 für einen nationalen Missionsverein, deren Mitglieder sich verpflichteten, täglich ein Gebet zu verrichten und wöchentlich einen Sou zu spenden. Daraus gingen 100 Jahre später die „Päpstlichen Missionswerke“ hervor, die im deutschen Sprachraum unter dem Namen „Missio“ bekannt sind.
Kurz darauf gründete sie den „Lebendigen Rosenkranz“ und inspirierte damit weltweit Millionen Menschen, täglich ein Rosenkranz-Gesätz zu beten.

Im Mai dieses Jahres war ihre Seligsprechung in Lyon. Die Kraft für diese und zahlreiche andere Projekte schöpfte sie inmitten vielfältiger körperlicher Leiden aus der Kraft des Gebetes, aus ihrer mystischen Verbundenheit mit dem eucharistischen Herrn und einer großen Liebe und Verehrung der jungfräulichen Gottesmutter.

Pater Karl Wallner

Pater Dr. Karl Wallner
Nationaldirektor von Missio Österreich

Nachdem Pius VII. im Juni 1809 Napoleon exkommuniziert hatte, wurde er drei Wochen später durch General Radet in Rom verhaftet und als Gefangener nach Frankreich gebracht.

Pius VI. (1775–1799) wurde von Napoleon nach Frankreich verschleppt, wo er 1799 starb. Es war das Jahr, in dem Pauline in Lyon geboren wurde.

Frankreich - Zerstörung und Aufbruch

Paulines Leben und Wirken fällt in eine Zeit großer gesellschaftspolitischer Umbrüche. Nach den Schrecken der Französischen Revolution und dem anschließenden Größenwahn Napoleons, der Europa unter seine Herrschaft zwingen wollte, folgte eine Rückbesinnung auf die vernachlässigten Werte der christlichen Religion. Bei diesem missionarischen Aufbruch des Glaubens sollte unsere neue Selige auf dem Gebiet des Laienapostolates eine wichtige und wegweisende Rolle spielen.

Frankreich, die „älteste Tochter der Kirche", galt seit je her als zutiefst katholische Nation. Davon zeugen nicht nur die gotischen Dome, sondern auch seine zahlreichen Heiligen. Nach der Auseinandersetzung mit der Reformation in den Hugenottenkriegen kam es in der Folge zu einem spirituellen Aufblühen, das alle Bereiche des gesellschaftlichen Lebens erfasste. Bekannte Träger dieser Erneuerung waren etwa der hl. Franz von Sales, der hl. Vinzenz von Paul, der hl. Johannes Eudes und viele andere. Durch die enge Verbindung von Kirche und Staat (die Bischofssitze waren dem Adel vorbehalten, und die Geistlichen sahen sich zuerst als Söhne Frankreichs und dann erst als Diener der Kirche) konnten sich auch der König und sein Hof dieser katholischen Reformbewegung nicht entziehen.

Dem „Jahrhundert der Seelen und der Heiligkeit", wie man das 17. Jahrhundert Frankreichs auch gerne nannte, folgte der neue Geist der Aufklärung. Dieses Denken, das die absolute Vorherrschaft der menschlichen Vernunft propagierte, führte schließlich zur Französischen Revolution (1789–1799), mit der die bisherige Ordnung beendet und die neue Idee von Freiheit, Gleichheit und Brüderlichkeit unter der Terrorherrschaft der Jakobiner durchgesetzt wurde. Bei dieser zehn Jahre dauernden Umgestaltung der Gesellschaft fielen nicht nur der König und seine Anhänger unter dem Fallbeil der Guillotine, sondern insgesamt an die 300 000 Personen, treue Staatsbürger, gläubige Katholiken, Ordensleute, Bischöfe und zahlreiche Priester. Erst mit der Machtergreifung Napoleons begann sich das Leben allmählich wieder zu normalisieren. Es war wie das Erwachen aus einem bösen Traum.

Die Revolution hatte zwar das bisherige System hinweggefegt, zugleich damit aber auch viele Traditionen zerschlagen, die der christliche Alltag seit über 1000 Jahren geschaffen hatte und die ein Schutzwall waren für das innere katholische Leben der Gläubigen (etwa die religiöse Gliederung des Tages, die hl. Messe, Angelus, kirchliche Feste und Festzeiten usw.). Man wollte das Christentum auslöschen im Namen der neuen Göttin „Vernunft" – und erwirkte doch im Grunde nur das Gegenteil: Denn der kirchliche Glaube hatte im Untergrund überlebt und sich neu gefestigt. Zudem erkannte man allmählich, dass mit der Enteignung der Kirchengüter auch die sozial-karitative Tätigkeit der Orden (Armenfürsorge, Krankenpflege und Schulunterricht) zerstört bzw. massiv geschwächt wurde zum Nachteil des Staates. Und schließlich entstand aus dem Umbruch der Revolution sogar ein neues Bewusstsein für eine weltumspannende missionarische Kirche unter ihrem universalen Oberhaupt, dem Papst in Rom. Mitverantwortlich für dieses Umdenken war nicht zuletzt auch der überhebliche und rüde Umgang mit dem Nachfolger Petri durch Napoleon, den neuen Machthaber in Paris.

Napoleon hatte nach der Eroberung des Kirchenstaates Pius VI. nach Frankreich verschleppt und wollte sich auch seinen Nachfolger, Pius VII., gefügig machen. Als ihm dieser seine Zustimmung verweigerte, ließ Napoleon ihn in Rom durch General Radet verhaften. Erst nach jahrelanger Gefangenschaft auf Schloß Fontainebleau konnte er schließlich 1814 wieder in Rom einziehen. Zum Dank dafür setzte er in Rom für den 24. Mai das Fest „Maria, Hilfe der Christen" ein.

Napoleon Bonaparte,
Kaiser Napoleon I. (1769-1821)

Präsentation von
Seidenerzeugnissen aus Lyon

Paulines Mutter Jeanne Jaricot (geborene
Lattier) und Vater Antoine Jaricot

Die Tochter des Seidenhändlers

In Lyon, der zweitgrößten Stadt Frankreichs, hatte sich seit dem 16. Jahrhundert die Seidenmanufaktur entwickelt. Es gab über 400 Betriebe, in denen Seidenstoffe und Zubehöre angefertigt wurden, die in ganz Europa begehrt waren. Mit dem Ausbruch der Revolution, die sich gerade in Lyon von ihrer dunkelsten Seite zeigen sollte, kam dieser wirtschaftliche Aufschwung jäh zum Erliegen. Als nämlich die Bürger Lyons im Jahre 1793 es gewagt hatten, mit Hilfe eines königstreuen Generals sich den radikalen Kräften in Paris zu widersetzen, wurde vom Konvent verfügt, ihre Stadt zu zerstören. Sechzig Tage lang wurde Lyon belagert. Schließlich folgte ihr Fall und ein schreckliches Strafgericht: mehr als 2000 Personen, darunter 135 Geistliche, wurden öffentlich ermordet. Auch viele Gebäude und Kirchen sanken in Trümmer. Die Kathedrale Saint-Jean, in der zwei große ökumenische Konzilien des Mittelalters stattfanden, wurde in einen „Tempel der Vernunft" umgewandelt mit dem Ziel, das Christentum zu vernichten und die bisherige Stadt gänzlich auszulöschen, denn – so sollte alle Welt erfahren – „Lyon hat Krieg gegen die Freiheit geführt, Lyon ist nicht mehr."

Doch die Stadt blieb. Das religiöse Leben fand im Untergrund statt, und die standhaft gebliebenen Priester wurden von vielen unterstützt.

Antoine Jaricot und Jeanne Lattier hatten einander im März 1782 beim Kreuzweg auf dem Fourvière-Hügel in Lyon kennengelernt:

„Er bevorzugte eine einfache Jungfrau, deren einzige Mitgift ihre Tugend war. Mit dem Segen Deiner heiligen Vorsehung, o Gott, waren mein Vater und meine Mutter ausreichend begütert."

schrieb Pauline später über ihre geliebten Eltern.

Insgesamt sieben Kinder wurden ihnen von Gott geschenkt (von denen eines frühzeitig starb), und aus dem kleinen Seidenhandel des Vaters wurde allmählich ein angesehenes Unternehmen.

Während der Revolution entging die Familie Jaricot durch ihren rechtzeitigen Aufenthalt auf ihrem Landgut einer Verfolgung. Und als sie nach drei Jahren wieder in die Stadt zurückkehrten, war auch ihr Haus und ihr Laden wie durch ein Wunder vor der Zerstörung verschont geblieben. Ein Jahr später wurde Philéas geboren und zwei Jahre danach 1799 als letzte und jüngste: Pauline. Es war das Jahr, in dem Napoleon die Macht in Frankreich übernahm und Pius VI. als dessen Gefangener in der Zitadelle von Valence starb.

Unter Bonapartes Herrschaft wurde Lyon wieder aufgebaut und die Seidenindustrie nahm einen neuen Aufschwung. Paulines Vater verwendete sein zunehmendes Vermögen zum Kauf von Gebäuden und Liegenschaften. Eines davon war das Grundstück in Tassin, wo Pauline einen Teil ihrer Kindheit verbrachte.

Fourvière-Hügel in Lyon

Als Papst Pius VII. nach der Krönung Napoleons in Paris 1805 bei seiner Rückreise auch durch Lyon kam, um das Marienheiligtum auf dem Fourvière-Hügel wieder zu eröffnen, das seit Beginn der Revolution geschlossen war, blieb er bei der kleinen Pauline stehen, legte seine Hand auf ihren Kopf und segnete sie und ihren Bruder Philéas.

Pauline war ein fröhliches Kind, das von ihren Eltern fromm erzogen wurde. Von Rosa, dem treuen Hausmädchen der Familie, lernte sie zudem sehr früh, mit anderen zu teilen. Dieses zunehmende Gespür für die Not der Armen bildete die Grundlage für ihr späteres karitatives Wirken. Die schulische Bildung erhielt Pauline in einem Privat-Internat auf dem Fourvière-Hügel. Anschließend verbrachte sie ihre Jugendjahre bei ihrer Familie in der Stadt oder auf einem ihrer Landsitze.

Bei den zahlreichen Festlichkeiten, die es dabei gab und zu denen Verwandte und Freunde eingeladen wurden, bot sich nun für Pauline die Gelegenheit, das gesellschaftliche Leben kennenzulernen. Es machte ihr Freude, von aller Welt bewundert zu werden. Nach einem folgenschweren Unfall und dem Tod ihrer Mutter erkannte sie die eigene innere Leere, die auch durch äußere Eleganz nicht ersetzt werden konnte.

Als ihre große Gnadenstunde wird sie später jenen Sonntag in der Fastenzeit 1816 bezeichnen, an dem sie in ihrer Pfarrkirche Saint-Nizier erstmals Abbé Jean Würtz begegnete. Seine Predigt, in der er über die Gefahren und Illusionen der Eitelkeit sprach, hatten sie so berührt, dass sie ihn danach um die Beichte bat. Dies war der Beginn ihrer radikalen Bekehrung.

An Weihnachten 1816 legte sie im Marienheiligtum von Fourvière das Gelübde immerwährender Jungfräulichkeit ab. Dabei hörte sie eine „Stimme“, die sie tröstete und erleuchtete … Pauline war 17 Jahre alt.

Am Berg über Lyon die große Basilika Notre Dame de Fourvière, links daneben unter der goldenen Madonna die kleine, viel ältere Kapelle, in der Pauline ihr privates Keuschheitsgelübde abgelegt hat.

Pauline-Marie Jaricot - authentisches Bildnis. Nach ihrer Bekehrung ließ sie das Gemälde vom Künstler korrigieren (lange statt kurze Ärmel und höherer Ausschnitt)

Die Gnadenstunde

Bei vielen Heiligen stand am Beginn ihres geistlichen Lebens eine Priesterpersönlichkeit, die ihnen bei ihrem Aufstieg zu Gott als Ratgeber und als Führer diente. Bei Pauline erfüllte diese wichtige Rolle Pater Jean Würtz. In Lothringen geboren und nach Ausbruch der französischen Revolution in Metz zum Priester geweiht, verweigerte er den Eid auf die zivile Verfassung und emigrierte nach Italien. Als er dort in einer Zeitung von den neuen Christenverfolgungen in Lyon erfuhr, kehrte er als Hirte verkleidet zurück, um dort unter Lebensgefahr den Verurteilten vor ihrer Hinrichtung beizustehen. Nach dieser Tätigkeit im Untergrund ernannte ihn schließlich Napoleons Onkel, Kardinal Fesch, zum Kaplan von Saint-Nizier, der zuständigen Pfarre von Pauline Jaricot. Abbé Würtz hielt in absoluter Treue zum Papst und hatte in mehreren Schriften aus seiner Abneigung gegenüber der Revolution und Napoleon kein Hehl gemacht. Dies weckte zwar den Unmut der Obrigkeit, beeinträchtigte aber nicht seinen guten Ruf als Bekenner des Glaubens und der Nächstenliebe und als asketisch seeleneifrigen Priester sowohl im Beichtstuhl wie auch auf der Kanzel.

Pauline wählt ihn als ihren Beichtvater und Seelenführer und nennt ihn – in Erinnerung an die Bekehrung des hl. Paulus – ihren „Hananias", dem sie nach ihrer bisherigen Blindheit das Licht der Gnade verdankt.

Ihre erste Veränderung betrifft ihr Erscheinungsbild, von nun an kleidet sie sich wie die einfachen Frauen aus dem Volk. Bewusst erträgt sie die demütigenden Äußerungen und Blicke ihrer Umgebung. Man hält sie für verrückt. Selbst in ihrer frommen Familie schien sie zu weit zu gehen, doch man lässt sie gewähren.

Ihr Beichtvater rät ihr zu einer schriftlichen Aufzeichnung ihres bisherigen Lebens, um aus den Erinnerungen der Vergangenheit für die Gefahren der Zukunft gewappnet zu sein.

In insgesamt vier Heften schreibt sie unter dem Titel „Histoire de ma vie – Die Geschichte meines Lebens" ihren Bekehrungsweg nieder. In diesen Bekenntnissen, die nicht für die Öffentlichkeit bestimmt waren, zeichnet sie unter dem Eindruck ihrer „Damaskus-Stunde" ein sehr selbstkritisches Bildnis ihrer Persönlichkeit.

„Es ist so schrecklich für mich, mit den Gewohnheiten von Luxus und Eleganz zu brechen. Niemals werde ich von der Eitelkeit heilen, außer wenn ich sie beherrsche."

Pauline Marie Jaricot

Saint-Nizier, älteste Pfarrkirche von Lyon

ÉGLISE SAINT-NIZIER. — LYON.

Bekenntnisse der Seligen Pauline Marie Jaricot:
Die Geschichte meines Lebens (1817)

Als ich neun oder zehn Jahre alt war, hatte ich das Unglück, mich eng an ein junges Mädchen zu binden, das weder Schamhaftigkeit noch Einfachheit besaß; ihr Herz war bereits der Koketterie verfallen. Sie erzählte mir bald von all den Siegen, die sie über die Herzen anderer errungen zu haben glaubte. Diese leidenschaftlichen Unterhaltungen machten auf mich einen äußerst verhängnisvollen Eindruck. Zum Glück hatte ich vor meiner Erstkommunion eine andere Freundin gefunden, die mir sehr ans Herz gewachsen war. Unser Herr Jesus Christus wurde der Gegenstand unserer sehnlichsten Wünsche. Wir schrieben uns ein Regelwerk vor, das wir so gut wie möglich befolgten.

Am Ende meiner Erstbeichte hatte ich schwere Skrupel. Mein armer Beichtvater litt unter meinem Leiden und beruhigte mich, so gut er konnte. Leider war ich nicht fügsam genug, um mich heilen zu lassen. Also ging ich wieder zur Beichte, und wenn mein Beichtvater mich nicht mehr anhören wollte, wandte ich mich an den nächstbesten Priester. Jede Torheit, die mir durch den Kopf ging, war der Grund für eine neue Beichte und eine neue Qual. Dennoch konnte ich schließlich die Kommunion empfangen. Ich fasste viele gute Vorsätze, um dem zu gefallen, der meine Seele in Besitz genommen hatte. Ich war aber auch von Natur aus heftig, und der Teufel erregte diese Leidenschaft nie mit größerer Wut als nach dem Empfang der heiligen Kommunion. Als ich am wenigsten damit gerechnet hatte, begann der Angriff des Zorns.

Von allen Bosheiten meines Feindes gelang ihm diese am häufigsten. Da ich sehr zerstreut war und nicht gut sehen konnte, tat ich mir manchmal sehr weh, wenn ich gegen ein Möbelstück stieß. Dabei packte mich dann der Zorn. Ich schlug gegen die Wände, warf Gegen-

stände um, die vor mir lagen, und trieb es mit einem Wort: Ich tobte. Manchmal waren es meine Gefährtinnen, die mich durch kleine Verärgerungen zu solchen Wutausbrüchen verleiteten. Ich beschimpfte sie und schlug sie sogar. Aber [zum Glück] war es eine Gewohnheit, die ich mir von frühester Kindheit an angeeignet hatte: Ich konnte mit niemandem zerstritten leben, sodass ich manchmal aus dem Bett aufstand, um bei denjenigen, die ich beleidigt hatte, um Vergebung zu bitten. …

Wie sehr wünschte ich, ich könnte jungen Menschen verständlich machen, welchen Gefahren sie sich aussetzen, wenn sie aufhören, eine persönliche Vertrautheit mit Jesus zu pflegen. Das Gebet überwindet alle Gefahren, stürzt alle Feinde und erringt alle Siege. Das Gebet zu Jesus durch Maria ist der Weg in den Himmel.

Meine Eltern veranstalteten sonntags gelegentlich Vergnügungspartys, um uns zu unterhalten. Sie versammelten auf dem Land eine große Gesellschaft von Vätern, Müttern, Fräuleins und einigen jungen Männern, die mit meinen Brüdern oder als ihre Freunde kamen. Dabei gab es Wortspiele, man drehte Runden oder es wurde getanzt: Man sang zärtliche Lieder und erhielt im Verlauf dieser Spiele die Küsse, die sie erforderten und die natürlich Unordnung in die Herzen bringen mussten. Mein Herz war voller Stolz und berauscht von den fadenscheinigen Komplimenten, die ich erhielt; und in dem Bestreben, Zustimmung zu erlangen, schmeichelte ich denjenigen, die meine angeblichen Freundlichkeiten nicht zu beachten schienen, um sie zu zwingen, mir zu danken und Gutes über mich zu sagen.

Eine Bekannte meiner Mutter erzählte mir von ihrem Sohn, wodurch meine Phantasie für ihn angeregt wurde, obwohl ich ihn nicht kannte. Sie erklärte mir, wie sehr sie sich wünschte, dass er mir gefiele, und sie sei sicher, dass ich ihm auch gefallen würde. Meine Mama machte das alles ein bisschen mit, so dass ich, als ich den jungen Mann sah, sofort eine leidenschaftliche Zuneigung zu ihm verspürte. Man förderte diese ersten Gefühle im Herzen des jungen Mannes ebenso wie in meinem: Man setzte uns bei Tisch nebeneinander, und wenn ich auf etwas starrte, das er auch tat, wurden wir darauf aufmerksam gemacht. So waren schließlich alle meine Handlungen darauf ausgerichtet, ihm zu gefallen. Ich wollte über alle Herzen herrschen und das meinige für jenen Herrn aufbewahren, dem ich meine Liebe schenkte. Unglücklicherweise fand ich eine Person, mit der ich über meine Gefühle gegenüber jenem jungen Mann sprechen konnte, der einen so großen Platz in meinem Herzen eingenommen hatte. Sie beglückwünschte mich dazu und stützte stets meine Hoffnung.

Der Herr zog mich aber an sich – als mir einmal das Bild von meiner Erstkommunion aus der Hand fiel, sah ich dies als eine Mahnung. Das Glas – dieses beredten Bildes von der Zerbrechlichkeit meines Herzens – zerbrach, genauso wie sich einst meine Vorsätze in Luft aufgelöst hatten. Ich war entsetzt: Ich erkannte die Stimme meines Gottes, der mich rief. Aber es brauchte stärkere Schläge, um mich wieder in den Schoß des Guten Hirten zurückzuführen.

Da ließ der Herr es zu, dass ich einen Sturz erlitt. Ich war auf einen hohen Schemel gestiegen, dessen Füße abbrachen; ich fiel schwer und wurde so erschüttert, dass mein ganzer Körper in Mitleidenschaft gezogen wurde: Ich wurde sehr krank, und die Folgen dieses Unfalls hätten mich ins Grab bringen können, wenn Gott mich nicht am Leben erhalten hätte, um mir Zeit zur Buße zu geben. Der Arzt wusste nicht, wie er ein Leiden heilen sollte, das jeden Tag schlimmer zu werden schien … Der Aderlass, den man mir verordnet hatte, erschütterte meinen Körper so stark, dass ich schreckliche Nervenschmerzen bekam. Ich hatte Angst, meine gute Mutter, die selbst schon lange sehr krank war, zu beunruhigen. Daher bemühte ich mich, auf ihre besorgten Fragen zu antworten: Ich habe nichts.

Als ich mich entschloss, meinem Bruder alles zu erklären, führte er mich nach Saint-Nizier, wo bei der Messe einige Musikstücke aufgeführt werden sollten. Gott, der mich ständig verfolgte, benutzte die Harmonie der Instrumente, um mein Herz mit der tiefsten Reue zu berühren. Ich vergoss in seiner Gegenwart viele Tränen, weil ich mich an meine Untreue erinnerte. Aber diese Gefühle waren ein Ruf des Herrn, dem ich nicht nachkam, …

Weil ich mir vorstellte, dass die Musik heilsam sein müsse, um das Leiden zu lindern, bat ich darum, in ein Theater gehen zu dürfen. Du, o Gott, hast jedoch den Schleier dieser Scheinwelt zerrissen und mir die Komödianten gezeigt, wie sie sind. Selbst ihre Musik bereitete mir keine Freude: Alle, die sie hörten, waren begeistert, ich aber fand nichts als Ekel dabei.

Phileas, der Bruder der Seligen Pauline Jaricot

Seit langem hatte ich eine geheime Ahnung, dass Gott in unserer Familie ein Opfer ausgewählt hatte; Mutter empfand dasselbe; es schien ihr, dass ich diejenige war, die zugrunde gehen sollte. Ich meinerseits fürchtete, die gute Mutter zu verlieren. Wir beteten, ohne es zu wissen, jede für sich das gleiche: „O mein Gott!", sagte Mutter, „ich spüre, dass Du jemanden aus meinem Haus haben willst. Ach, wenn du Pauline ausgewählt hast, dann rufe mich an ihrer Stelle!" Und ich sagte:

„Herr, wenn Du jemanden haben willst, dann rufe mich und lass Mama leben!"

Wir hätten uns wohl gehütet, einander unsere gegenseitigen Sorgen mitzuteilen; aber meine Mutter machte sie dem Papa bekannt, und ich erfuhr das alles später von meinen Schwestern.

Mutters Wünsche kamen aus einer reineren Seele und wurden erhört. … Sie wurde von einem bösartigen Fieber befallen, das ihr das Bewusstsein raubte, aber als sie ihren letzten Atemzug tat, konnte sie noch den Namen Jesus Christus aussprechen. Man wollte mir den Tod dieser zärtlichen Mutter lange verheimlichen, aber eine geheime Ahnung sagte mir immer wieder, dass sie tot war. …

Du, o Gott, hast mir durch Deinen Diener (den Priester) anbieten lassen, in deine Gnade zurückzukehren … Du sagtest mir durch seinen Mund, dass Du von mir nur den guten Willen verlangst, um mir Vergebung zu gewähren. Vom ersten Tag an, an dem ich die Beichte ablegte, fühlte ich eine gewisse Zuversicht, die auch die Gesundheit meines Körpers beeinflusste.

Meine Familie brachte mich einige Zeit später nach Fourvière, wo ein Hochamt gefeiert wurde, um für die Verbesserung meiner Gesundheit zu danken. An diesem Tag opferte ich mich Maria auf, deren Liebe mir

bis dahin völlig fremd gewesen war (obwohl meine Mutter sie eifrig ehrte und mich durch zärtliche Verehrung dazu bringen wollte, sie zu ehren). Ich bat sie, meine Mutter zu werden und mich als ihr Kind anzunehmen. Als liebevolle Beschützerin der Schwachen, die in ihren Armen Zuflucht suchten, nahm sie den Wunsch meines Herzens entgegen und wurde zur Stütze meiner Jugend und zu meiner Verteidigung vor ihrem Sohn. Ja, wenn Jesus Christus, mein Erlöser, mich mit seinen Gnaden überhäuft hat, so hat er selbst sich herabgelassen, mein Herz zu lehren, dass seine Mutter sie mir erlangt hat (wie ich im Folgenden noch ausführen werde). …

Ich war ungefähr siebzehn Jahre alt, als ich endlich entschlossen war, die Hindernisse zu überwinden, die meiner Bekehrung im Wege standen und einen erfahrenen Führer auf den Wegen der göttlichen Liebe zu suchen. (Bei Paulines Frage, ob sie einen strengen oder eher einen nachsichtigen Beichtvater aufsuchen solle, bekam sie innerlich die Antwort):

„Da du dich aufrichtig bekehren willst, was kümmert dich die Strenge? Du wirst dich doch nicht in der Absicht anklagen, dir Lob zu verschaffen? Geh also hin und gib dich mutig zu erkennen."

Ich zögerte nicht mehr und warf mich Hananias [so nannte Pauline ihren Beichtvater Abbé Würtz] zu Füßen. Ich gestand ihm ohne lange Umschweife die Größe meiner Sünden. Weit davon entfernt, mich abzuweisen, wie ich es erwartet hatte, war sein Herz von meiner Offenheit gerührt, er linderte meine Qualen, tröstete meine Schwäche, ermutigte meinen guten Willen und lehrte mich, feste Entschlüsse zu fassen. Durch seine Reden gestärkt, verpflichtete ich mich für immer, dem Willen Gottes zu folgen. Ich opferte ihm meine Gefühle für den jungen Mann, von dem ich schon so oft gesprochen habe, verwarf die Zeichen seiner Zuneigung und verzichtete auf den Ring, den Vater mir an den Finger gesteckt hatte. …

Durch Deine Gnade begreife ich jetzt, dass ich kämpfen muss, um gekrönt zu werden; ich habe mächtige Feinde, die nicht besiegt sind: Der Zorn und der Stolz, diese tyrannischen Leidenschaften, die ihre Spuren in meinem Herzen hinterlassen haben, schwingen sich abwechselnd auf, um mich zu verschlingen. (Deshalb versuchte ich) die Ärgernisse, die ich in der Welt verursacht hatte, wieder gut zu machen …

Jesus führte mich zu allen jungen Leuten, die meinen Wandel nicht kannten, um ihnen meine Entschlüsse mitzuteilen und sie zu bitten, meine früheren Verfehlungen zu vergessen … Auch meine Angehörigen wollte ich mit meiner glücklichen Abkehr von meinen bisherigen Manieren, Vergnügungen und Gedanken bekannt machen, worauf sie mir alle den Friedenskuss gaben.

Seit ich es aufgegeben hatte, der Welt zu gefallen, war die erste Wohltat, die mir der Frieden meines Gewissens bescherte, die Heilung von der übermäßigen Angst vor dem Tod. Denn nun sagte ich mir: Was sollte ich schon fürchten? Ich bin bei Jesus. Schließlich würde der Tod nur dazu dienen, mich ihn von Angesicht zu Angesicht sehen zu lassen. Ich fürchtete mich nur noch vor der Sünde, der zeitliche Tod schreckte mich nicht mehr …

Das große Verlangen zu lieben ließ mich auch danach verlangen, zu seiner Ehre zu handeln. Ich spürte, dass Er etwas von mir verlangte, ohne dass er meiner Seele seinen göttlichen Willen enthüllte.

In meiner Phantasie reiste ich durch Rom, ich ging zum Heiligen Vater, ich wollte zum Ruhm der Kirche beitragen; und in der scheinbaren Unfähigkeit, die Absichten Gottes zu erfüllen, sagte ich zu mir selbst:

„Ich bin eine armselige Frau, und mein Wunsch, zum Ruhm der Kirche beizutragen, ist vergeblich … Dieser Trost ist einzig und allein den Dienern des Herrn vorbehalten!“

Dennoch hatte ich immer eine geheime Vorahnung, die mir sagte: Gott will, dass du zu seiner Ehre dienst! Du bist dazu bestimmt, verborgene Pläne zu erfüllen.

„Alles habe ich am Fuße des Altares gelernt"

Pauline hatte ihre Bekehrung nicht verheimlicht, sondern offen vor allen bekannt, besonders jenen gegenüber, die sie als „Sklavin des Zeitgeistes" gekannt und erlebt haben.

Sie verbrannte ihre romantischen Bücher und Liebeslieder, vermied die Gesellschaft mit jungen Männern, trug eine violette Arbeiterkleidung und ließ ihr bisheriges Portrait vom Künstler retuschieren. Scheinbar mühelos verbrachte sie die verschiedensten Werke der Nächstenliebe: Sie betreute Arme und Kranke, sorgte sich um die jungen Arbeiterinnen und gründete einen „Verein der Wiedergutmacherinnen" (für all die Schmähungen, die während der Französischen Revolution dem Heiligsten Herzen Jesu angetan wurden).

Bei ihrem Versuch, die ganze Welt zu bekehren, erlebte sie aber zugleich ihre ersten Misserfolge und innere Versuchungen. Zorn und Stolz, ihre beiden „tyrannischen Leidenschaften", verfolgten sie weiterhin und machten sie niedergeschlagen:

„Ich wollte mich vor die Schafe stellen und sie führen,
indem ich meinen kleinen, stolzen Kopf aufrichtete.
Jesus und die Anwesenden lachten über meine Eitelkeit
und vor allem über meine erbärmliche Gestalt.
Dann ging ich an meinen Platz und schlich mich hinter
denen her, die ich zuerst führen wollte."

Pauline sorgt für die Bedürftigen
in Lyon

Abbé Würtz, ihr strenger aber ebenso liebender Beichtvater, mäßigte sehr schnell und entschieden ihre Aktivitäten und drängte sie hin zur Kontemplation. Er wusste, dass alle Aktion, wenn sie segensreich sein sollte, zuerst Gebet und die innere Ruhe des Herzens verlangte. Bei Paulines angeborenen Tatendrang, ließ sich dies nicht ohne inneren Kampf verwirklichen. Jahrzehnte später schreibt sie darüber einer befreundeten Oberin:

„Zu meiner Schande muss ich gestehen, dass es mir schwer fiel zu verstehen, wie es sein konnte, dass Jesus, der in seinem Evangelium die Werke der Nächstenliebe so ausdrücklich befahl, mir durch den Beichtvater gebot, sie zu unterlassen. Aber im Vertrauen möchte ich ihnen sagen, dass ich niemals die Kraft und die Notwendigkeit des Gebetes verstanden hätte, wenn ich nicht aus meiner Aktivität herausgenommen worden wäre, und wahrscheinlich hätte ich Gott nicht als Werkzeug für die Glaubensverbreitung und den Lebendigen Rosenkranz gedient.
Es ist also gut und heilsam und gerecht, Gott zu jeder Zeit zu danken und uns seinen Wegen zu unterwerfen, ganz gleich, wie unbekannt sie auch für uns sind. Denn das, was wir nicht wählen und was Gott zu seiner Ehre erwählt, ist das Beste für uns."

Damals war sie gerade den Sommer über auf dem Landsitz ihres Vaters, in Tassin. Auch Abbé Würtz war dort. Da sie zu der angrenzenden Kirche den Schlüssel besaß, konnte sie tagsüber jederzeit in die Kirche gehen. Jesus lehrte sie dabei, das eigene Herz zu einem Rückzugsort zu machen und in ihm auf seine göttliche Stimme zu hören.

Wegen der häufigen geistlichen Unterredungen, die sie mit Abbé Würtz allein darüber führte, verbreiteten sich allmählich Gerüchte, sodass sich ihr Beichtvater dazu veranlasst sah, Tassin wieder zu verlassen. Er empfahl ihr aber weiter den täglichen Besuch des Allerheiligsten.

Als sie schließlich wieder nach Lyon zurückkehrte, traf sie sich erneut mit ihm, um seinen Rat einzuholen, denn

„ich fühlte noch immer das Bedürfnis, mich mit ihm zu unterhalten. Deshalb wurde ich oft bei ihm gesehen und die Menschen empörten sich wieder über ihn.

Das war uns vorausgesagt worden,
und das ist auch der Grund,
warum die allgemeine Verachtung,
die auf uns herabzufallen schien,
uns nur helle Freude bereitete:
in den heftigen Vorwürfen
meiner Eltern spürte ich in
der Tat nur einen neuen Grad
von Stärke und fühlte,
dass nicht mehr ich lebte,
sondern dass ein anderer
in mir lebte."

Pfarrer Hl. Johannes
Maria Vianney

Foto: K. Jabtonski

In dieser Zeit der vermehrten Kontemplation und Zwiesprache mit Jesus im Allerheiligsten Sakrament entstand ihre kleine Schrift „Die unendliche Liebe in der göttlichen Eucharistie", in der sie das Opfer Jesu Christi als ein fortdauerndes Werk seiner Liebe betrachtet, das zum Heil der Menschheit und zur Ehre Gottes dargebracht wird.

So schreibt sie darin:
„Alles habe ich am Fuß des Altares gelernt",
und alles ist zugleich in Übereinstimmung mit der „katholischen, apostolischen und römischen" Kirche:

„Heilige Kirche Gottes, meine Mutter, wie sehr habe ich dich geliebt!",
wird sie später schreiben.

„Wenn ich seit meinem 17. Lebensjahr auch nur einen einzigen Tag aufgehört habe, mich um Dich zu kümmern, willige ich ein, dass Du mich in meinem Kummer vergisst."

Der Rosenkranz
von Pauline Marie Jaricot

Das Werk der Glaubensverbreitung

Paulines jüngster Bruder, der nur um zwei Jahre ältere Philéas und Vertraute ihrer Kindheit, war nach Jahren des Zögerns nun doch nach Paris gegangen ins Seminar zur Vorbereitung auf die Priesterweihe. Der missionarische Eifer, der zu Beginn des 19. Jahrhunderts in ganz Frankreich und vor allem in Lyon spürbar geworden war, hatte auch ihn erfasst.

In zahlreichen Briefen schrieb er seiner Schwester von den Aufgaben und Nöten der Missionare und bat um ihre Unterstützung; vielleicht könnte sie eine Art Hilfsorganisation gründen. Seine Bitte fand bei ihr ein längst offenes Ohr. Als Pauline von verschiedenen Initiativen erfuhr, die es bereits anderswo in dieser Richtung gab (die Baptisten in England etwa stellten dafür Sammelbüchsen vor Schulen und Kirchen auf), reifte in ihr der Plan, dem Ganzen eine neue, originelle Form zu geben.

Bisher wurde das Budget der Missionen durch staatliche Zuschüsse und durch die Freigebigkeit der Wohlhabenden finanziert. Nun wollte sich Pauline an alle wenden, vorwiegend an die einfachen Gläubigen, um sie dafür zu gewinnen mit einer wöchentlichen Abgabe eines Pfennigs und durch ihr Gebet für die Verbreitung des Glaubens in der Welt mitzuhelfen. Personen ihres Vertrauens (sie wurden von Pauline eigens dafür instruiert) sollten je zehn Personen dafür gewinnen und betreuen und die Pfennige einsammeln und diese dann wieder jener Person übergeben, die für die Leitung zehn solcher Zehnergruppen zuständig war, und diese wiederum der Leitung einer Tausendergruppe, die das Sammelergebnis dann nach Paris weiterleitete. Die erste Tausendergruppe leitete Pauline selbst, die zweite vertraute sie einem Freund ihres Bruders Philéas an. Doch es gab auch Hindernisse: Neben den üblichen Widerständen durch Neid und Eifersucht und der ungewohnten Tatsache, dass die Idee von einer Frau kam, bestand eine

Schwierigkeit auch in der zunehmenden Ausdehnung des Werkes. Noch fehlte für das Ganze eine richtige Organisation.

In Lyon hatten sich seit Ende der Revolution eine Gruppe katholischer Laien darum bemüht, verlassene katholische Kirchen zu restaurieren, das religiöse Leben neu zu beleben und alles zu tun, was der Ehre Gottes und dem Heil der Nächsten dient. Dabei richtete sich ihr Blick allmählich auch über Lyon und Frankreich hinaus auf die Bedürfnisse der Weltkirche.

„Weltmission ist keine Einbahnstraße! Im Gegenteil: Begeisterung für die Mission ist immer eine Verjüngungskur und ein Antidepressivum. Darum brauchen die Länder mit langer christlicher Tradition, in denen der Glaube aber „alt" geworden ist, die Mission ganz besonders!"

Papst Franziskus

Als der mit vielen Empfehlungsschreiben ausgestattete Pater Angelo Iglesi aus New Orleans und Louisiana nach Europa kam, um Spenden zu sammeln und neue Missionare für Amerika zu rekrutieren, wurde er nicht nur in Paris und Rom ehrenvoll empfangen, sondern auch von jener frommen Laienbewegung in Lyon. In der Meinung, in ihm den richtigen Mann für die Organisation eines Missionswerkes gefunden zu haben, vereinbarten sie mit ihm am 3. Mai 1822 ein Treffen im luxuriösen Hotel Provence im Zentrum der Stadt. Obwohl Pauline krankheitsbedingt nicht anwesend war – und auch gar nicht eigens eingeladen worden war, sie wurde einfach ausgegrenzt –, übernahm man einstimmig ihre „weltliche" Vereinigung der Glaubensverbreitung und ihre Methode für eine universelle und weltweite Unterstützung der katholischen Mission, wobei der gewandte und geschmeidige Pater Iglesi nicht nur als Wortführer auftrat, sondern in einem der Sitzungsprotokolle sich sogar als der eigentliche Gründer dieses Werkes bezeichnen ließ.

Pauline hatte, als sie davon hörte, insgeheim allem zugestimmt. Sie wusste, dass sie nur ein kleines Werkzeug für die Verwirklichung er Pläne Gottes war, „ein Streichholz", wie sie es nannte, um ein großes Feuer zu entzünden.

In späteren Jahren allerdings versuchte sie mehrmals – um der Gerechtigkeit die Ehre zu geben –, den Titel einer Gründerin für sich zu reklamieren. Doch das verantwortliche Laiengremium des Werkes in Paris wollte davon nichts mehr wissen. Selbst als man Pater Angelo Iglesi später als Hochstapler entlarvte – er hatte Spendengelder veruntreut, gab dann sein Priesteramt auf und wurde schließlich exkommuniziert –, war dies für sie kein Grund, sich mit der Frage nach der Entstehung des Werkens näher auseinanderzusetzen.

Das Hotel Provence, in dem 1822 das „Gründungstreffen" stattfand

„Ich war nur das Streichholz, welches das Feuer entfacht hat."

Pauline Jaricot

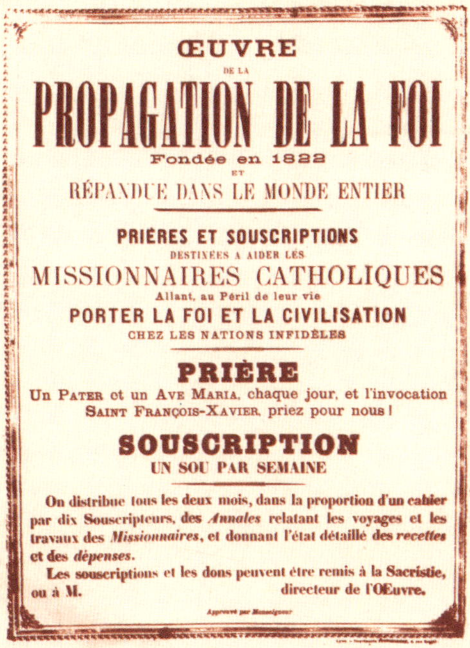

ŒUVRE

DE LA

PROPAGATION DE LA FOI

Fondée en 1822

ET

RÉPANDUE DANS LE MONDE ENTIER

PRIÈRES ET SOUSCRIPTIONS

DESTINÉES A AIDER LES

MISSIONNAIRES CATHOLIQUES

Allant, au Péril de leur vie

PORTER LA FOI ET LA CIVILISATION

CHEZ LES NATIONS INFIDÈLES

PRIÈRE

Un PATER et un AVE MARIA, chaque jour, et l'invocation SAINT FRANÇOIS-XAVIER, priez pour nous !

SOUSCRIPTION

UN SOU PAR SEMAINE

On distribue tous les deux mois, dans la proportion d'un cahier par dix Souscripteurs, des *Annales* relatant les voyages et les travaux des *Missionnaires*, et donnant l'état détaillé des *recettes* et des *dépenses*.

Les souscriptions et les dons peuvent être remis à la Sacristie, ou à M. directeur de l'OEuvre.

Approuvé par Monseigneur

Das erste Werbeplakat für das Werk der Glaubensverbreitung

Pauline, die von Anfang an misstrauisch gegenüber Pater Iglesi war, schrieb später:

„Er agierte wie eine Wespe, gab überall den Plan als seine Erfindung aus und wurde auf die schrecklichste Weise bestraft, weil er abtrünnig wurde, was allen bekannt ist."

25 Jahre nach Paulines Tod wurde ihr der Titel einer Gründerin von der Kirche offiziell zuerkannt. In einem Breve Papst Leos XIII. an Julia Maurin (Paulines Gefährtin und erste Biografin) heißt es über Pauline Jaricot:

„Sie selbst war es nämlich, die den Plan des sogenannten Werkes der Glaubensverbreitung entworfen und zur Ausführung gebracht hat; nämlich jene erstaunliche Geldsammlung, die, aus dem wöchentlichen Betrag der Gläubigen bestehend und von den Bischöfen und dem Heiligen Stuhl mit Lobeshymnen überhäuft, den katholischen Missionen in so reichem Maße Hilfsmittel zuführt".

Papst Leo XIII.

Auch heute wirbt Missio Österreich für den Glauben

„Dir überlasse ich Christus ...“ – Paulines Abschied von Abbé Würtz

Paulines geistlicher Vater, Abbé Würtz, war ein seeleneifriger, frommer Priester und ohne Zweifel von Gott erleuchtet. In seiner leidenschaftlichen Liebe zur katholischen Kirche scheute er sich nicht, Angriffe gegen den Papst offen zu verurteilen und auch die Französische Revolution als Werk der Freimaurerei zu brandmarken. Ein Konflikt mit staatlichen und kirchlichen Stellen war dabei unvermeidlich. Ehe jedoch das Gericht zusammentrat, war er an einem Schlaganfall bereits gestorben.

Der Tod ereilte ihn auf dem Landgut der Familie Jaricot, wo er auf Bitten Paulines hin die letzten acht Monate mit seiner halbseitigen Lähmung aufgenommen worden war. Dem Bericht Paulines zufolge habe er sich nach Tisch plötzlich erhoben, den Kammerdiener gerufen, ihm für alles gedankt und ihm zum Erstaunen der Anwesenden seine Uhr übergeben. Dann habe er sich ihr, Pauline, zugewandt und gesagt:

„Dir, armes Kind, überlasse ich Jesus Christus, die heilige Kirche und die Seelen, denen zu dienen ist und die zu lieben sind, sowie die Demut, die du üben sollst.“

Abbé Würtz

Danach bat er sie, den Kreuzweg laut vorzubeten, wobei er versuchte, niederzuknien, was ihm aber mißlang. Während sie tief ergriffen den Kreuzweg vortrug, stimmte er mit vor der Brust gekreuzten Armen in die Gebete ein. Zum Schluss habe er sie gesegnet und kurz darauf ein zweites Mal. Dann sei er in sein Zimmer zurückgegangen, wo er wenige Augenblicke später verstarb. Die Nachricht von seinem Tod bewegte alle. Auch seine Gegner.

Pauline hatte in den Jahren ihrer von Abbé Würtz auferlegten Zurückgezogenheit viel gebetet und ebenso viel geschrieben. Nun konnte sie sich wieder vermehrt den äußeren Aktivitäten widmen und ihrem kreativen Genie freien Lauf lassen. Sie bildete Gebetsgruppen zu je fünf Personen, um zu Ehren der fünf Wunden des Erlösers die allgemeinen Wunden der Gesellschaft zu heilen. Kurz darauf gründete sie den „Verein zur Verbreitung guter Bücher" und stellte ihn unter den Schutz des Heiligsten Herzens Jesu. Der größte Wurf aber gelang ihr mit der Gebetsbewegung zu Ehren der allerseligsten Jungfrau, der „Mutter Gottes und unserer Mutter", die in Paulines Leben immer mehr die Hauptrolle spielen sollte.

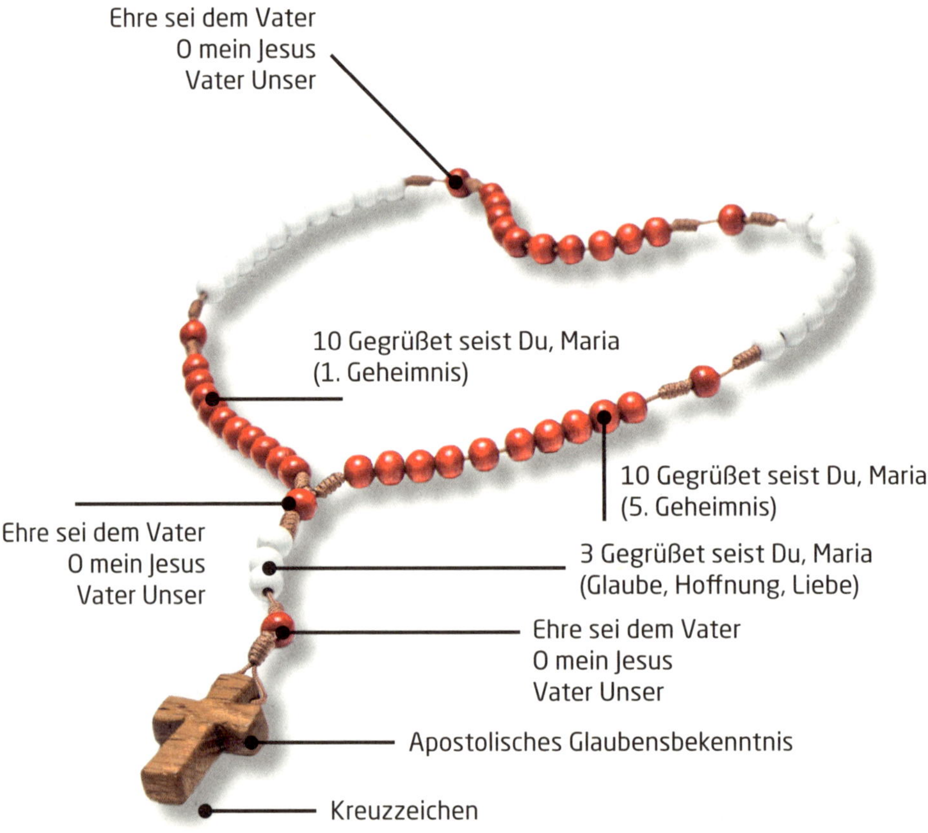

Der Lebendige Rosenkranz

Pauline wollte den Rosenkranz wieder neu beleben. Da das Gebet in seiner Gesamtlänge für viele zu schwierig schien, suchte sie nach einem Weg, der für alle gangbar wäre. Ihr Plan sah vor, dass sich jeder nur dazu verpflichten sollte, täglich ein Vaterunser, 10 Ave Maria und ein Ehre sei dem Vater zu beten, was in einer Gruppe von 15 Personen einen gesamten Rosenkranz ergibt. Dabei sollten die zu betrachtenden „Geheimnisse" monatlich gewechselt werden.

Um eine weite Verbreitung sicher zu stellen, war jedes Mitglied verpflichtet, fünf andere anzuwerben, die wiederum fünf weitere mitbringen sollten usw. Diese einfache, aber geniale Idee war so sehr Paulines persönliche „Erfindung", dass dies nie jemand zu bestreiten wagte. Gegen Ende des Jahres 1826 gründete sie innerhalb weniger Wochen diese Vereinigung nach dem Vorbild ihrer bisherigen Gründung der Glaubensverbreitung und der guten Bücher.

Die Organisationsform bestand darin, dass eine geeignete, eifrige Person die Fünfzehnergruppe anführt bzw. ermutigt und elf Fünfzehnergruppen zusammen wiederum einen „Rosenkranz der Herzen" bilden, d.h. die Perlen eines Rosenkranzes (10 x 15 Gegrüßet seist Du, Maria + 15 Vater unser).

Monatlich abgehaltene Versammlungen der 15 Mitglieder einer Gruppe (in der Frauen und Männer, Junge und Alte einbezogen sein können) stärken dabei ihren Glaubenseifer und ihre tätige Nächstenliebe. Pauline hat dem Werk den Namen „Lebendiger Rosenkranz" gegeben, weil das Werk aus Herzen besteht, die sich ständig in einer Bewegung des Wachstums, der Liebe und des Flehens befinden: Es geht darum, durch die Betrachtung der Geheimnisse des Lebens Jesu und seiner heiligsten Mutter unseren eigenen christlichen Auftrag fruchtbar zu machen.

Dieser Plan zur weltweiten Belebung des Rosenkranzgebetes wurde in Rom von Gregor XVI. mit höchstem Lob bedacht und machte Pauline in ganz Europa schlagartig bekannt und berühmt. Die Vereinigung verlangte neben der Organisationsstruktur aber auch ein Zentrum, von dem das Werk in alle Welt ausstrahlen konnte. Der passendste Ort dafür war wohl zu Füßen Mariens, angrenzend an das Heiligtum auf dem Fourvière-Hügel in Lyon.

Heute lebt der Lebendige Rosenkranz in Österreich unter dem Namen „Gott kann", siehe: **www.Gott-kann.at**

Kardinal Luigi Lambruschini,
Paulines wichtigster Mittelmann
in Rom und Protektor des
Lebendigen Rosenkranzes

GOTT
KANN

Die „geistliche Heimat" von Pauline: Haus Loreto

Als zutiefst gläubige Familie hatten die Jaricots ein besonderes Auge auf den Fourvière-Hügel. Aus Sorge, dass sich hier glaubensfeindliche Institutionen neben dem Heiligtum niederlassen könnten, waren sie bestrebt, die noch freien Grundstücke oder Gebäude zu erwerben, um den Bereich für religiöse Institutionen zu sichern. So wurde etwa durch ihre Schwester Sophie das Haus direkt neben der Kirche als Unterkunft für Waisenmädchen erworben, dem man den Namen Nazaret gab. 1832 kaufte Pauline mit dem ihr zufallenden väterlichen Erbteil unterhalb des Marienheiligtums ein Haus mit dem daran angrenzenden Grundstück. Dieses Haus, das sie zu Ehren Mariens „Loreto" nannte, wurde nun das Zentrum des Lebendigen Rosenkranzes (mit einer eigenen Hauskapelle und einem eigenen Kaplan) in dem sie nun mit ihren Helferinnen (den Töchtern Mariens) in einer ordensähnlichen Gemeinschaft lebte, betete und arbeitete. Hier entstanden nicht nur die regelmäßigen Rundbriefe, sondern von hier aus wurden allmählich auch Devotionalien in alle Länder der Welt verschickt. In einem Jahr waren dies insgesamt 140 000 Bücher oder Broschüren, 80 000 Bilder, 40 000 Medaillen und 19 000 Rosenkränze oder Kreuze, d.h. etwa 1000 Sendungen pro Tag. Im Jahr 1840 schrieb Pauline an ihre Mitarbeiter:

„In Kürze werden wir mit allen Völkern des Universums im Gebet vereint sein."

Als Pauline 1862 starb, gab es allein in Frankreich etwa zweieinhalb Millionen Mitglieder des Lebendigen Rosenkranzes. 15 Jahre lang widmet sie ihr Leben der Entfaltung dieses Werkes. Sie war damals in Frankreich bekannt als „Mutter des Rosenkranzes" und „Mutter der Missionen".

Im Deutsch-Französischen Krieg 1870/71 legten die Bürger von Lyon das Gelübde ab, das Heiligtum von Fourvière zu vergrößern und zu verschönern, falls ihre Stadt von preußischer Besatzung verschont bliebe. Der Wunsch ging in Erfüllung. 1872 wurde der Grundstein der neuen Kirche nördlich neben der alten Kapelle gelegt. Im Jahre 1896 war die Einweihung.

Das große Wunder: Pauline wird geheilt

Seitdem Pauline 1832 das Haus Loreto erworben hatte, war hier das Herzstück ihrer Tätigkeit. Hier erlebte sie zusammen mit ihren „Töchtern“ die dramatischen Ereignisse der Revolution (den Aufstand der Weber und die Niederschlagung durch das Militär), aber auch die akute Verschlechterung ihrer Gesundheit (Herzprobleme). Als ihr die Ärzte keine Überlebenschance mehr gaben, entschloss sie sich zu einer Reise zum Reliquienschrein der hl. Philomena nach Mugnano, Italien. Im Jahre 1802 hatte man in den Katakomben in Rom ihr Märtyrergrab entdeckt, worauf sich durch die Volksfrömmigkeit und vor allem durch den Pfarrer von Ars ihre Verehrung sehr rasch verbreitete. Auch Pauline fasste Vertrauen zu ihr. Dabei führte sie der Weg zunächst nach Paray le Monial, wo sie sich auf die Fürsprache der hl. Maria Margareta an das Heiligste Herz Jesu wenden wollte, und von dort weiter über Loreto und Rom zum Heiligtum nach Mugnano.

Heilige Philomena

Um die Reise in ihrem Zustand überhaupt überstehen zu können, hatte sie eine eigene Kutsche anfertigen lassen, in der sie liegen konnte. Als sie im Rom ankam und bei ihren Freunden, den Herz-Jesu-Schwestern in der Trinita dei Monti, Quartier bezog, war sie so sehr geschwächt, dass an eine Weiterreise nicht zu denken war. Papst Gregor XVI. kam eigens an ihr Krankenlager. Da er sie dem Tode nahe wähnte, empfahl er sich ihrem Gebet „sobald sie im Himmel wäre". Pauline versprach es. Zugleich aber erbat sie sich vom Heiligen Vater die Zusicherung, falls sie gesund von Mugnano zurückkäme, mit dem kirchlichen Heiligsprechungsprozess der seligen Philomena zu beginnen.

Und tatsächlich geschah das Wunder, was dann die Einwohner von Mugnano und Neapel in einen wahren Freudentaumel ausbrechen ließ, weil es „ihre" Philomena war, die der berühmten Gründerin der Glaubensverbreitung und des Lebendigen Rosenkranzes wieder die Gesundheit erwirkt habe.

Paulines Rückreise nach Rom glich einem wahren Triumphzug. In allen Orten, durch die sie kam, wollte man das Wunder sehen. Als sie beim Papst vorstellig wurde, ließ er sie vor seinen Augen mehrmals auf und ab gehen, hin und her unter Missachtung des Protokolls. Und als der Majordomo darüber ärgerlich wurde, gab Gregor zur Antwort:

„Schon gut, schon gut! Ich wollte es ja. Der Herr hat noch viele andere Ausnahmen für sie gemacht."

Papst Gregor XVI.
(Papst von 1831-1846)

Pauline erhielt schließlich vom Papst die Genehmigung für den Bau einer Philomena-Kapelle in ihrem Haus Loreto und ebenso die Zusicherung, den Kanonisationsprozess voranzubringen.

Um das Wunder ihrer Heilung prüfen und bestätigen zu können, wurde Pauline ein volles Jahr in Rom zurückbehalten, ehe sie 1836 nach Lyon heimkehren konnte. Im darauffolgenden Jahr bestätigte Papst Gregor XVI. offiziell den Kult der hl. Philomena. Papst Pius IX. besuchte Mugnano und genehmigte 1855 ein eigenes Messformular und ein eigenes Offizium. Auch Leo XIII. und Pius X. bezeugten öffentlich ihre Verehrung.

Nach ihrer Rückkehr von Mugnano fuhr Pauline in das 40 km von Lyon entfernte Ars, um dem Pfarrer Jean-Marie Vianney eine Reliquie der hl. Philomena zu überbringen. Beide kannten einander schon längere Zeit, und da sie um seine tiefe Verehrung der jungen Märtyrerin wusste, wollte sie ihm damit eine kleine Freude bereiten. Drei Jahre später unternahm Pauline eine zweite Reise nach Italien. In Mugnano wollte sie der hl. Philomena für ihre wunderbare Heilung danken und in Rom noch einmal mit Papst Gregor XVI. sprechen. Sechs Wochen wohnte sie im Kloster Trinita dei Monti (oberhalb der Spanischen Treppe), das damals von den französischen Sacré-Coeur Schwestern geleitet wurde.

Während dieser Zeit gewährte ihr der Papst mehrere Male eine persönliche Audienz. Es war dies wie eine geheimnisvolle Vorbereitung auf die schmerzvollen Jahre, denen sie nun entgegengehen sollte. Für diese Zeit der Prüfung wurde ihr – gleichsam als ein Geschenk des Himmels – vom Pfarrer von Ars ein „irdischer Engel“ geschickt, der ihr bis zu ihrem Lebensende als treue Begleiterin zur Seite stehen sollte.

Am 16. April 1842 kam Maria Dubois nach Loreto, ein bescheidenes junges Mädchen, und übergab Pauline einen Brief folgenden Inhalts:

„Mademoiselle Jaricot, ich schicke Ihnen eine Seele, die der liebe Gott ganz gewiss für sich und für Sie geschaffen hat … Die allerseligste Jungfrau hat sie bisher vor allem Übel bewahrt; nun möge sie Ihnen anvertraut sein, und bei Ihnen soll sie Jesus und Maria immer mehr lieben lernen.“

Johannes Maria Vianney, Pfarrer von Ars

Pauline vor dem Heiligen Vater, Papst Gregor XVI. Sie kam in einem besorgniserregenden Zustand nach Rom, wo sie von den Herz-Jesu-Schwestern mit großer Anteilnahme empfangen wurde.

Der Stuhl, auf dem Pauline saß, als sie geheilt wurde.

Pauline Jaricot auf ihrem
Sterbebett 1862

Fotos: Vatican Media, Missio/Anne Fleck

Eine große Vision: Der Plan einer Fabrik in Rustrel

Als in der ersten Hälfte des 19. Jahrhunderts infolge der industriellen Revolution die Nöte der Arbeiter immer deutlicher sichtbar wurden, entschloss sich Pauline, gegen die Ungerechtigkeiten und Missstände etwas zu unternehmen. Um dem Arbeiter seine Würde als Mann, Vater und Christ zurückzugeben, beschloss sie den Kauf der Hochöfen von Rustrel, um dort ihren Plan einer „christlichen Fabrik" mit Produktionsstätten, Vertrieb, Wohnungen für die Arbeiter und ihre Familien usw. zu verwirklichen. Die dort bereits bestehende Kapelle „Maria von den Engeln" schien ihr dabei wie ein verheißungsvoller Stern zu sein. Zur Finanzierung stellte sie ihr eigenes Vermögen zur Verfügung und die Anleihen jener zahlreichen Leute, die ihr vertrauten und der guten Sache dienen wollten. Was sie allerdings nicht ahnen konnte: die beiden Personen, die ihr für die praktische Umsetzung des Projekts empfohlen wurden und die sich bei ihr in Loreto monatelang als fromme Katholiken präsentierten, waren in Wahrheit raffinierte Betrüger. Nicht nur das geplante Projekt verlief im Sande – auch Pauline selbst war ruiniert, sie wurde zur Bettlerin. Doch obwohl es menschlich für sie keinen Ausweg mehr gab und sie in der Öffentlichkeit verleumdet und diskreditiert wurde, bewahrte sie das Vertrauen in ihren „göttlichen Bräutigam", indem sie das Geheimnis des Kreuzes Christi in ihrem Leben immer mehr zu lieben begann.

„Gott allein als Zeuge, Maria als Unterstützung und mehr nicht. Nichts als Liebe und Aufopferung, das sei das Motto bis zum Ende, mit Gottes Hilfe."

Pauline Jaricot

Kurz vor ihrem Tod lobte er Pauline von der Kanzel in Ars mit den Worten:

„Ich kenne einen Menschen, der es versteht, auch die schwersten Kreuze anzunehmen, und der sie mit großer Liebe trägt. Diese Person, meine Brüder, ist Fräulein Jaricot aus Lyon."

Pfarrer von Ars

Um die zahlreichen einfachen Gläubiger zu entschädigen, die ihr und ihrem Projekt Vertrauen geschenkt hatten, verpflichtete sie sich, das Geld für die Rückzahlung aufzutreiben. Diese demütigenden „Bettelreisen" von Stadt zu Stadt, bei der sie Marie Dubois begleitete, führten sie durch halb Europa. Dabei lernte sie auch die junge Julia Maurin kennen, die sich ihr anschloss und später ihre erste Biografin wurde. Paulines Anliegen fand wenig Gegenliebe: „Warum muss sich ausgerechnet eine Frau mit der sozialen Frage befassen, die davon nichts versteht?", meinten manche. Aber es gab auch Sympathisanten: John Henry Newmann etwa, Erzbischof Wiseman von Westminster oder Mutter Madeleine Sophie Barat …

Der Staat gewährte ihr einen Armenausweis. Um Pius IX. über den wahren Sachverhalt aufzuklären, fuhr sie erneut nach Rom, doch der Papst war machtlos, seine Unterstützung für sie wurde einfach ignoriert.

Pauline war bereit, auch das Haus Loreto zu veräußern, aber zu einem fairen Preis, um auf diese Weise weitere arme Gläubiger entschädigen zu können. Dieser Kampf gegen den von der Stadt angebotenen Spottpreis und die stets drohende Enteignung des Anwesens begleiteten sie bis zum Schluss. Zuletzt verließen sie auch ihre „Töchter Mariens", um anderswo einzutreten, da sie in Loreto keine Zukunft sahen.

Foto: picturedesk.com

Blick vom Fourvière-Hügel über Lyon und auf die Kathedrale von Lyon

Foto: istockphoto.com

Pauline und ihr Werk

Der Geist der Seligen Pauline Jaricot lebt auch fort in den von ihnen gegründeten Werken. Heute sind es die Päpstlichen Missionswerke „Missio" und die Gebetsbewegung „Gott kann". Pauline möchte unsere Mission, das Licht für die Welt zu sein, begleiten! Sie sagte einst:

„Wir wollen uns nicht damit zufriedengeben,
Jesus für uns allein zu lieben und nachzuahmen.
Wir wollen, dass auch die anderen
Ihn kennenlernen, Ihn lieben
und Ihm dienen!
Jesus, unser Leben,
unsere Hoffnung, unser Alles!"

Diesen Enthusiasmus über die Liebe Gottes, die allen gilt, wollen wir auch konkret weitertragen. Die Kirche hat die Treue und den Einsatz der Seligen Pauline Jaricot nicht vergessen.

Ihr Werk wächst und wächst. 1922 wurde das bis dahin in Lyon angesiedelte Werk der Glaubensverbreitung zu „Päpstlichen Missionswerken". Damit wird ausgesagt, dass das große und immerwährende Ziel der Weltmission nur erreicht werden kann, indem jede Ortskirche ihren Teil auf die bestmögliche Weise tut. Es geht dabei nicht mehr um eine private Hilfe für ein konkretes Projekt, für eine konkrete Gemeinschaft, eine konkrete Not. Pauline Jaricot schritt gleich zur nächsten Etappe. Sie wollte allen helfen. Dieses Ziel verfolgt die Kirche mit der größtmöglichen Deutlichkeit: Indem sich der Papst selbst hinter die Idee einer jungen Französin stellt. Die Idee der Pauline Jaricot wurde dadurch zur Idee der ganzen Kirche und jeder Lokalkirche zugleich.

Heute wirken die Päpstliche Missionswerke in 130 Ländern auf der ganzen Welt. Das Generalsekretariat ist der Kongregation für die Evangelisierung der Völker angeschlossen. Auch in Österreich gibt es Missio schon 100 Jahre.

Missio Österreich hat fünf Aufgaben:

Wir stärken die wachsende Weltkirche
Wir retten die Ärmsten vor Ort
Wir helfen Kindern in die Zukunft
Wir sorgen für die Priester von morgen
Wir wirken selbst missionarisch

In allen fünf Aufgaben ist die Spiritualität der Seligen Pauline Jaricot nicht zu übersehen. Ihr Geist lebt und erneuert sich tagtäglich in vielen Bereichen, in denen Missio tagtäglich tätig ist. 2017 begann Missio Österreich mit der Gebetsbewegung „Gott kann". Die Idee dahinter geht ebenso auf Pauline Jaricot zurück: Wer teilnimmt, betet täglich ein Gesätzchen vom Rosenkranz für einen konkreten Jugendlichen oder für die Mission auf einem bestimmten Kontinent. Als „Gott kann"-Apostel werben sie mindestens zehn weitere Mitglieder für die Bewegung. Möglich ist auch ein Einstieg als Gruppe.

„Pauline war mutig: Sie hat in ihrer Zeit nicht nur einen regelrechten Enthusiasmus der Gläubigen für die Weltmission ausgelöst, sondern diese Begeisterung auch in eine Organisationsform von Gebet und Spende gegossen. Der Mut der jungen Frau wird zum Zeugnis für Millionen. Ihr Eifer entzündet viele Herzen!"

Pater Karl Wallner

Auf Grundlage des Urteils einer Ärztekommission hat der Papst den „unerklärlichen Charakter“ der Heilung eines dreijährigen Mädchens auf Fürsprache von Pauline Marie Jaricot anerkannt. Im Jahr 2012 verlor Mayline aus Lyon das Bewusstsein, nachdem ein Stück Nahrung in ihrem Hals steckengeblieben war. Das Mädchen drohte zu ersticken und wurde erst nach einem 20-minütigen Stillstand des Herz-Kreislaufssystems im Spital reanimiert. Anschließend verfiel sie in ein Koma und die Ärzte gaben ihr kaum noch Überlebenschancen. Daher brachen sie die Behandlung mit Ausnahme der künstlichen Ernährung ab.

Die Verantwortliche der Gebetsgemeinschaft „Lebendiger Rosenkranz“ in Lyon organisierte damals, im 150. Todesjahr von Pauline, eine Gebetsnovene und erbat die Fürsprache der Ehrwürdigen Pauline Jaricot. Kurz danach wachte das Mädchen auf. Entgegen den Prognosen der Ärzte, die zumindest mit schwersten bleibenden Hirnschäden gerechnet hatten, ist das Mädchen vollständig genesen. Mayline ist heute ein gesundes fröhliches Kind. Sie trug bei der Seligsprechung am 22. Mai 2022 das Kreuz vor den Altar, das der heilige Pfarrer von Ars Pauline einst geschenkt hatte.

Im Anschluss an das Jubiläumjahr 2022, wo die Päpstlichen Missionswerke ihr 100-jähriges Bestehen feierten, rief der Nationaldirektor, Pater Karl Wallner, ein „Pauline-Jahr“ aus. Die internationale Familiengemeinschaft „KISI – God’s singing Kids“ (www.kisi.org) führt in Kooperation mit Missio ein Musical auf, das die Gestalt und die Sendung der Seligen Pauline Jaricot künstlerisch darstellt und das Publikum mit ihrer Sendung vertraut macht. „We are MISSIO“ – lautet die Kernbotschaft. Wir alle können etwas tun. Ob durch Gebet (www.Gott-kann.at) oder durch Spende…

Die Zukunft der Kirche ist missionarisch!

Kinder sind die Zukunft der Kirche!
Pater Karl Wallner mit den KISI-Kids

Sie wollen helfen?

In der St. Bernadette Volksschule in Uganda unterrichten 38 Lehrerinnen und Lehrer rund 1500 Kinder. Bislang fehlt es in den Schulklassen an technischen Hilfsmitteln, um die Kinder für die digitale Gegenwart und Zukunft vorzubereiten.

Gerade in Zeiten, in denen die technische Kompetenz gefragter denn je ist, möchten wir Schulkinder in Uganda mit modernen Computern unterstützen. Mit dem Projekt wollen wir die Kinder für die Zukunft fit machen und ihre Kompetenzen im digitalen Bereich fördern. Zudem wollen wir mit einem Schneidereiunterricht die Kinder für praktische Arbeiten begeistern. Mithilfe des Computer- und Schneidereiunterrichts wird der gesamte Schulalltag interessanter und dynamischer.

Der Reinerlös sowohl aus dem Verkauf der Tickets für das Musical wie auch vom Verkauf dieses Buches, wird diesem Projekt zugutekommen.

Sie können auch direkt für das Projekt spenden:

Missio - Päpstliche Missionswerke in Österreich

IBAN: AT96 6000 0000 0701 5500

BIC: BAWAATWW

Als Verwendungszweck bitte folgende Projektnummer eingeben: 20098005

Vergelt's Gott, dass Sie mit uns den Kindern in die Zukunft helfen!

NAKIBIZZI
ST. BERN

KISI-Kids bei den Proben
für das Musical
„Pauline - Mut verändert die Welt"

KISI.ORG

missio
PAULINE
MUT VERÄNDERT DIE WELT
PREMIERE
DAS FAMILIEN-MUSICAL
von Birgit Minichmayr
STADTSAAL VÖCKLABRUCK
SA, 15. APRIL 2023 | 18:00 UHR
Stadtplatz 22a, 4840 Vöcklabruck
TICKETS ERHÄLTLICH BEI
WWW.PAULINE-MUSICAL.ORG
oeticket
KISI
KISI.ORG